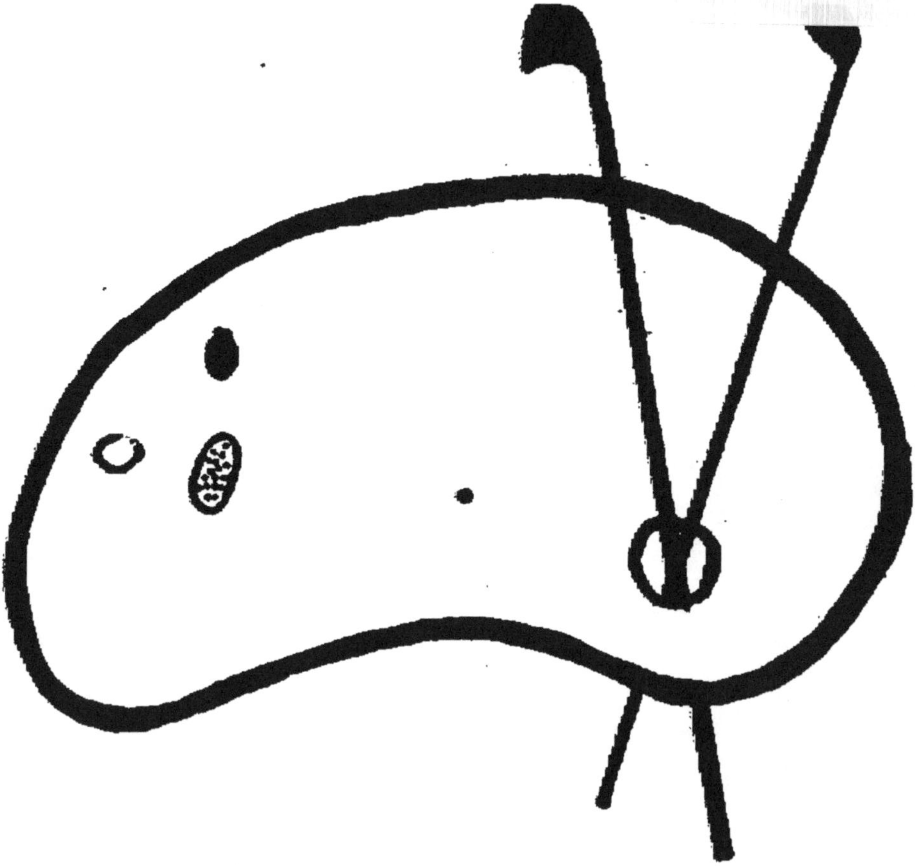

**COUVERTURE SUPERIEURE ET INFERIEURE
EN COULEUR**

A LA SALLE DE POLICE

SAYNÈTE

RÉPRÉSENTÉE POUR LA PREMIÈRE FOIS, A PARIS,
LE 23 OCTOBRE 1890.

DU MÊME AUTEUR :

PIÈCES POUR JEUNES GENS

BARBOTIN ET PICQUOISEAU
Comédie-Vaudeville en deux actes. . . . . 1 fr.

LA SUCCESSION BEAUGAILLARD
Comédie-vaudeville en 3 actes, avec musique des couplets. (*Nouvelle édition*). . . . . 1 fr.

TÊTE FOLLE
Comédie-vaudeville en 2 actes, avec musique des couplets (*Nouvelle édition*). . . . . 1 fr.

LE SECRET DES PARDHAILLAN
Folie-vaudeville en un acte, avec musique des couplets (*Nouvelle édition*) . . . . 1 fr.

LE DOCTEUR OSCAR
Comédie-vaudeville en un acte. . . . . 1 fr.

MONSIEUR GAVROCHE
Comédie-vaudeville en 2 actes, avec couplets (*Nouvelle édition*). . . . . 1 fr.

Musique et accompagnement des chœurs et couplets par Alcide BÉJOT. . . . . 0,50 c.

QUAND ON CONSPIRE !
Opérette-bouffe en un acte (*Nouvelle édition*). . . 1 fr.

Musique et accompagnement des chœurs et couplets, par L. DEVOS . . . . 1 fr.

PIÈCES POUR JEUNES FILLES
(voir catalogue).

A LA
SALLE DE POLICE

SAYNÈTE

PAR

ANTONY MARS

TROISIÈME ÉDITION

PARIS
J. BRICON, successeur de SARLIT
19, RUE DE TOURNON, 19

1896

PERSONNAGES

AGÉNOR DES HAUT-FOURNEAUX }
ALCIDE MOULARD } réservistes.
UN SERGENT.

A Rouen. — De nos jours.

Nota. — Agénor et Alcide portent le petit képi, le pantalon rouge et la petite veste courte des soldats de corvée. Le sergent porte la longue capote et les insignes de son grade sur les manches. Le décor de la salle de police peut facilement se construire avec trois grands châssis tendus de toile grise et un petit châssis mobile pour la porte. On peut aussi simplifier le décor en se servant de deux paravents retournés à l'envers.

TOUS DROITS RÉSERVÉS

A LA SALLE DE POLICE

SAYNÈTE

Le décor représente la salle de police. — Murs absolument nus. — Au fond, vers la droite, face au public, la porte du cachot. — Pour tout mobilier deux escabeaux et un lit de camp fait avec deux tréteaux et trois ou quatre planches. — A côté du lit de camp, un balai de bouleau.

SCÈNE I

AGÉNOR, LE SERGENT.

(*Bruit de verrous. La porte s'ouvre : on aperçoit le sergent se débattant avec Agénor qui ne veut pas entrer.*)

LE SERGENT, *de la porte.*

Allons, entrez !

AGÉNOR, *de la porte.*

Poussez pas !...

LE SERGENT

Eh ! bien, alorss... entrez !

AGÉNOR

J'entrerai... mais ne poussez pas !

LE SERGENT

Je vas prendre des gants... attendez donc !
(*Petite bousculade. — Agénor entre tout à fait, suivi par le sergent.*)

AGÉNOR

Mais, sergent...

LE SERGENT

Y n'y a pas de « mais, sergent... »... Vous avez du clou... faut *s'aller* au clou !

AGÉNOR

Mais, je vous répète encore une fois que ce n'est pas de ma faute !

LE SERGENT

Que ça m'est *diamétralement z'équilatéral*... On m'a dit de vous coller *z'au* bloc... je vous colle *s'au* bloc !

AGÉNOR

Z'au bloc !...

LE SERGENT

A la salle de police, si vous *aimerez* mieux !

AGÉNOR

Mais non... j'aime pas mieux !... Au bloc, moi, le vicomte Agénor des Hauts-Fourneaux !...

LE SERGENT

C'est la consigne... je ne connais que ça !

AGÉNOR

Je proteste... je...

LE SERGENT, *sévèrement*.

Et puis, vous tâcherez voir de pas faire le malin avec moi... car si vous *feriez* le malin... ça ne m'irait pas !

AGÉNOR

Mais, monsieur le sergent...

LE SERGENT, *froissé*.

Y a pas de monsieur, ici... Je suis sergent... Appelez-moi sergent, tout court...

AGÉNOR

Oui, sergent !...

LE SERGENT

A la bonne heure !... Et soyez sage, hein ?... Pas de bruit... pas de chanson... Le silence le plus *substentiel*... C'est moi que je suis *responsible !*...

AGÉNOR, *le reprenant*.

... Sable !

LE SERGENT

Vous dites ?

AGÉNOR

Responsable... on dit : responsable !

LE SERGENT, *froissé*.

Dans le civil, peut-être... mais, moi je dis : *responsible*... pourquoi que la cible est une chose militaire... — C'est pas un *réservisse* comme vous qui fera la leçon à son sergent ?

AGÉNOR

Excusez-moi, sergent !

LE SERGENT, *à part.*

A-t-on jamais vu des *réservisses* de ce numéro-là ! (*A Agénor.*) Soyez *mobile* et silencieux... Et *à se revoir !* (*Il remonte vers la porte.*)

AGÉNOR

Comment, je vais rester seul, ici ?

LE SERGENT

Indubitablement !

AGÉNOR

Mais je vais m'ennuyer !

LE SERGENT, *se moquant de lui.*

N'*avez* pas peur !... Que le colonel il vous enverra bientôt la musique militaire pour vous distraire ! (*A part, en sortant.*) Il est bon, le jeune vicomte des Haut-Fourneaux !

(*Le sergent sort. On entend un bruit de verrous.*)

SCÈNE II

AGÉNOR, *seul.*

A la salle de police !... Ils m'ont fourré à la salle de police !... (*Au public.*) Et pourquoi, je vous le demande, pourquoi ?... — C'est vrai, vous ne pouvez pas me répondre, puisque vous n'en savez rien... mais, moi, je le sais... et je vais vous le dire !... Figurez-vous... (*S'arrêtant.*) — Ah! d'abord, permettez-moi de me présenter... (*Saluant.*) Vicomte Agénor des Haut-Fourneaux...Vingt-trois ans... sans profession... ou plutôt si... j'ai une profession : je suis le fils de papa!... Vous devez connaitre papa?... Tout le monde connait papa!... Papa est un des plus riches banquiers de Paris... Il fait des affaires colossales, papa... Alors, moi, je ne fais rien!... je vais au Club (1)... je vais aux courses... je vais au cirque... je vais au bois... partout enfin où le fils d'un homme comme papa doit se montrer!... Pour le moment, je suis en villégiature à Rouen... et je fais mes vingt-huit jours... Ce n'est pas amusant... mais il n'y avait pas moyen de faire autrement... (*Montrant sa tenue.*) C'est égal, qui reconnaîtrait sous ce costume... peu élégant... le jeune vicomte Agénor des Haut-Fourneaux!... Enfin, maintenant que vous me connaissez, je vais vous dire pourquoi on m'a fourré z'à la salle... (*Se reprenant.*) A la salle de police!... Il y a trois jours... (*Sur ces derniers mots la porte s'ouvre, le sergent paraît.*)

SCÈNE III

AGÉNOR, LE SERGENT

LE SERGENT, *paraissant.*

Eh ben?...

---

(1) Prononcer : cleub.

AGÉNOR, *vivement*.

Ah ! je peux sortir ?

LE SERGENT

Non... C'est votre paillasse qu'on apporte.

AGÉNOR

Ma paillasse !

LE SERGENT

Que le gouvernement est tout plein d'attention pour vous... Qu'il vous permet une paillasse !...

AGÉNOR

Alors, je vais coucher ici ?

LE SERGENT

Inévitablement !... Allons, prenez votre ustensile !... (*Agénor va jusqu'à la porte et tire une paillasse.*)

AGÉNOR, *tirant la paillasse au milieu de la scène.*

Une simple paillasse... ce sera dur !...

LE SERGENT

Que vous aimeriez mieux un lit de plumes ?

AGÉNOR

Sans comparaison !

LE SERGENT, *à part, remontant vers la porte.*

Il est bon, le Haut-Fourneaux !... (*Haut.*) Allons, soyez sage... je vous surveille... et vous savez... j'ai un œil de *larynx !...*

AGÉNOR, *le reprenant.*

... De lynx !

LE SERGENT

Vous dites ?

AGÉNOR

De lynx ! on dit : un œil de lynx !

LE SERGENT, *vexé.*

Dans le civil peut-être... mais dans le militaire nous disons : un œil de *larynx !*... C'est plus *compréhensable !*

AGÉNOR, *le reprenant.*

... Sible !...

LE SERGENT

Vous dites ?

AGÉNOR

Sible !... on dit : compréhensible !...

LE SERGENT, *furieux.*

Sible !... Sable !... D'abord, je dirai comme je veux... Je suis votre supérieur !... A-t-on jamais vu !... (*Il sort furieux, en fermant la porte avec bruit.*)

SCÈNE IV

AGÉNOR, *seul.*

(*Il va jusqu'à la porte, s'assure qu'on ne l'écoute pas et revient en scène. Il tire la paillasse au milieu de la scène, s'assied dessus et reprend son récit tranquillement, comme s'il n'avait pas été interrompu.*)

Il y a trois jours, j'arrive à la caserne... Je devrais même dire : nous arrivons... Car, je n'étais pas seul...

Nous étions cent quatorze... On nous fait entrer dans une grande salle... et on nous habille... (*montrant sa tenue*) comme vous le voyez !... Puis, on nous mène à l'exercice... Ah ! si papa m'avait vu !... Je ne savais pas tenir mon fusil, et les autres se moquaient de moi !... (*Cherchant autour de lui.*) Je n'ai rien là... pour vous montrer !... (*Apercevant le balai dans un coin.*) Ah ! ce balai... (*Il se lève et va le prendre.*) Ce balai fera l'affaire !... Voilà... n'est-ce pas... j'étais comme ça... dans le rang... sur la première ligne... (*Il se place dans la position du soldat au port d'armes, le balai en guise de fusil.*) On commande : « Portez armes !... » — Les autres... ceux qui savaient... exécutent le mouvement... je les regarde... et après avoir bien vu comment ils s'y étaient pris... je l'exécute à mon tour (*Il porte l'arme au bras. — Avec une grosse voix*) : — Eh bien ! dites donc, le numéro trois... est-ce que vous attendez l'omnibus pour exécuter le commandement ?... » — (*De sa voix naturelle.*) — C'était moi, le numéro trois... je réponds : « — Pas du tout, caporal... je n'ai pas envie de prendre l'omnibus en ce moment ! » — (*D'une grosse voix.*) — « Hein ! vous se moquez de moi !... » (*Voix naturelle.*) — « Oh ! caporal !... » — (*Grosse voix.*) — « Allons, silence dans le rang !... » (*Voix naturelle.*) — Je me tais... et le caporal commande... : « Arme sur l'épaule... droite !... » — (*Il porte l'arme gauchement.*) : « En avant... arche !... » — (*Il marche en faisant le tour de la scène, et le manche de son balai va frapper, derrière lui, le sergent qui entre.*)

SCÈNE V

AGÉNOR, LE SERGENT.

LE SERGENT, *recevant un coup de balai.*
Allons, bon!... dans l'œil!...

AGÉNOR
Oh! pardon... sergent... je ne l'ai pas fait exprès!...

LE SERGENT, *se frottant l'œil.*
Il ne manquerait plus que vous l'*auriez* fait du bon!...

AGÉNOR, *s'excusant.*
Je m'amusais à faire l'exercice... et alors...

LE SERGENT, *sévèrement.*
Que vous n'êtes point *z'ici* pour vous amuser...
(*Il avance en se frottant toujours l'œil et trébuche dans la paillasse qui est au milieu de la scène. Trébuchant :*) Qu'est-ce que c'est que ça?

AGÉNOR
C'est ma paillasse.

LE SERGENT
Qu'est-ce qu'elle fait au milieu du chemin?

AGÉNOR
Je ne sais pas!...

LE SERGENT
Eh bien! mettez-la sur la planche... et plus vite que ça!...

AGÉNOR, *obéissant et portant la paillasse sur le lit de camp, avec beaucoup d'efforts.*

Voilà, sergent!...

LE SERGENT, *le regardant, avec pitié.*

Pas de sang! Pas de nerfs! Pas de muscles!...(*Tirant un carnet de sa poche.*) Que le sergent-major a oublié de prendre votre matricule... *où qu'elle est?*

AGÉNOR

Quoi?

LE SERGENT

Votre matricule.

AGÉNOR, *cherchant.*

Je ne sais pas...

LE SERGENT, *sévèrement.*

Faites donc pas la bête... *elle est* sous votre veste...

AGÉNOR

Ah! bon, j'y suis, mon numéro matricule!... Vous dites... ma matricule... alors, je ne pouvais pas deviner... (*il défait les boutons de sa veste et regardant le numéro*) : 14612...

LE SERGENT

Quatorze mille quoi?...

AGÉNOR

14612... (*dictant*) un... quatre... six... un... deux...!

LE SERGENT

Bon!... à tout-à-l'heure!...

SCÈNE VI

AGÉNOR, seul.

(*Il apporte un escabeau au milieu de la scène, s'assied et reprend son récit. Il a toujours son balai à la main.*)

Après l'exercice... nous revenons à la caserne... et le capitaine...—un homme charmant, je l'inviterai aux réceptions d'hiver, chez papa... (*Reprenant*) et le capitaine nous dit : « Mes enfants, je suis content de vous : Je vous donne la permission de dix heures ! Seulement celui qui ne sera pas rentré à dix heures précises, aura deux jours de salle de police !... (*Se levant.*) Et je ne suis pas rentré à dix heures, moi !... Je suis rentré à minuit !...(*Brandissant son balai.*) Eh ! bien, tout ça ne serait pas arrivé sans Gontran et Adhémar !... Vous ne connaissez pas Gontran et Adhémar ?... Ce sont deux amis à moi... qui étaient de passage, hier, à Rouen !... Ils allaient à Trouville !...—Au mois d'août, il faut des circonstances très graves pour que Gontran et Adhémar n'aillent pas à Trouville... tout Paris est à Trouville !— Ils s'étaient arrêtés pour me serrer la main... et je devais aller les retrouver à l'hôtel du Nord !... (*S'interrompant.*) Jusqu'ici vous ne voyez pas la salle de police ?... Mais patience, nous y arrivons !...—(*Reprenant.*) Je vais donc retrouver Gontran et Adhémar à l'hôtel du Nord... nous dînons tous les trois... et après le dîner, Gontran propose une petite partie de baccara... — Il est joueur comme les cartes, Gontran ! — J'aurais dû refuser... mais il n'était que neuf heures... et j'accepte !... On joue une partie... on joue deux parties... trois... quatre... cinq... et je regardais, de temps en temps, la pendule... il n'était toujours que neuf heures... On recommence une partie... la dernière... puis une autre partie, la dernière dernière... et encore une autre après... la dernière dernière dernière... Je gagnais... je ne pouvais pas faire Charlemagne ?... Enfin, mettez-vous à ma place... Est-ce que vous auriez fait Charlemagne, à ma place !... Non ?... Ça ne se pouvait pas !... Et d'ailleurs, j'avais le temps, il n'était toujours que neuf heures !... Enfin, nous faisons la dernière des vraies dernières... Je boucle mon ceinturon... je prends mon képi... je pars... et qu'est-ce que je vois en sortant, à l'horloge de la poste ?... Non, je vous le donne en mille... ! — qu'est-ce que je vois ?... Minuit !... La pendule de l'hôtel du Nord était arrêtée !... C'est Gontran et Adhémar qui m'avaient fait une farce !... J'ai eu beau courir, je n'ai pas pu arriver à dix heures à la caserne !... Et voilà pourquoi je suis à la salle de police !... Ah ! si papa me voyait !...

SCÈNE VII

AGÉNOR, LE SERGENT, ALCIDE

(*La porte s'ouvre, on aperçoit le sergent se débattant avec Alcide, qui ne veut pas entrer.*)

LE SERGENT, *à la porte.*
Allons, plus vite que ça !...

ALCIDE
Mais, sergent...

LE SERGENT
Et ne répliquons pas !...
(*Ils entrent tout à fait.*)

AGÉNOR, *à part.*
Tiens ! quelqu'un !...

ALCIDE, *au sergent.*
Je ne réplique pas... seulement...

LE SERGENT
On m'a dit de vous coller z'à l'ours... je vous colle z'à l'ours !... C'est la consigne !...

ALCIDE
Eh ben !... c'est vexant tout de même... être collé z'à la boîte !...

AGÉNOR, *à part.*

Quel langage !... Collé *z'à* l'ours ! Collé *z'à* la boîte !... (*Haut, au sergent.*) Quel est ce monsieur ?

LE SERGENT

Ce monsieur ?...C'est *z'un réservisse* comme vous !... Un compagnon que je vous amène pour que vous ne vous *ennuyassiez* point !

ALCIDE, *apercevant Agénor.*

Tiens ! y a déjà un copain !...

LE SERGENT, *de la porte.*

Et tâchez de pas vous battre, hein, *toutes les deuss*... ou sans ça, je vous boucle !... (*Il sort.*)

SCÈNE VIII

AGÉNOR, ALCIDE

AGÉNOR, *à part.*

C'est ennuyeux d'être enfermé avec quelqu'un que l'on ne connaît pas !

ALCIDE, *à part.*

Qu'est-ce qu'il marmotte entre ses dents ?...(*Haut.*) Hé ! mon vieux ?...

AGÉNOR, *à part, offusqué.*

Mon vieux !...

ALCIDE, *l'appelant.*

Pstt ! Pstt ! (*A part.*) Ben... quoi ?... Il est sourd ?... (*Haut, criant.*) Hé ! mon vieux ?

AGÉNOR

Monsieur?... Vous me faites l'honneur de m'adresser la parole?...

ALCIDE, *étonné*.

Hein! oh! c'te phrase!... (*L'imitant.*) « Vous me faites l'honneur... » — en v'la des manières entre copains!...

AGÉNOR

Excusez-moi, mais... je ne vous connais pas!

ALCIDE

Tu ne me connais pas?... — Ça ne ne fait rien, nous ferons connaissance!...

AGÉNOR, *à part*.

Il me tutoie!

ALCIDE

D'abord, nous sommes de la même compagnie...

AGÉNOR

Vous croyez?

ALCIDE

J'te crois que je le crois... J'me rappelle bien ta tête!

AGÉNOR

Ma tête?... Vous devez vous tromper!

ALCIDE

Moi, je suis Alcide Moulard... fumiste... 19, rue de Bondy...

AGÉNOR

Un fumiste!

ALCIDE

Et toi... tu es Isidore Galuchet... garçon boucher... c'est-y ça!... (*Il lui porte une botte avec la main.*)

AGÉNOR, *reculant.*

Mais pas du tout... pas du tout!... monsieur!... Je suis le vicomte Agénor des Haut-Fourneaux... le fils de papa!

ALCIDE

Haut-Fourneaux!... ah! mais j'te connais!...

AGÉNOR

Vous me connaissez?...

ALCIDE

J'suis allé en poser, chez toi... cet hiver!

AGÉNOR, *sans comprendre.*

En poser? De quoi?...

ALCIDE, *lui portant encore une botte.*

Eh ben!... des fourneaux!...

AGÉNOR

Des fourneaux?

ALCIDE

Puisque j'te dis que je suis fumiste...

AGÉNOR

Ah! c'est un calembour!

ALCIDE

Et un bon, pas vrai? C'est pas parce qu'on est au clou qu'il faut pleurer!...

AGÉNOR

C'est égal... si papa me voyait !...

ALCIDE, *l'imitant*.

« ... Si papa me voyait !... » — De quoi qu'il vend ton papa ?

AGÉNOR

Il est banquier !

ALCIDE

Banquier ! Un bon état !... J'aurais voulu *t'être* banquier, moi !... on doit gagner plus d'argent que dans la fumisterie ?

AGÉNOR, *riant*.

Je vous crois !

ALCIDE

« Je vous crois !... » J'te permets de me *tuteyer*...

AGÉNOR

Merci !...

ALCIDE

Et pourquoi que t'es à la salle de police ?

AGÉNOR

Oh ! c'est toute une histoire... Figurez-vous...

ALCIDE

Eh ben ! moi aussi... figure-toi...

AGÉNOR, *continuant*.

... Que Gontran et Adhémar...

ALCIDE, *continuant*.

... Que Toupinard et Isidore...

AGÉNOR, *de même*.

... Deux amis à moi...

ALCIDE, *de même*.

... Deux copains à Bibi...

SCÈNE IX

LES MÊMES, LE SERGENT.

LE SERGENT, *entrant*.

Le *réservisse* des Haut-Fourneaux!...

AGÉNOR, *se précipitant*.

C'est moi! Je peux sortir!...

LE SERGENT

Oui!

AGÉNOR, *joyeux*.

Ah! enfin!...

LE SERGENT

Que vous êtes commandé de corvée!

AGÉNOR

De corvée?... moi!... jamais de la vie!...

LE SERGENT, *goguenard*.

Faudrait peut-être que ça *soye* moi qui *faise* votre service?

AGÉNOR, *vivement*.

Oh! avec plaisir!

LE SERGENT, *riant*.

Eh ben!... excusez! allons, prenez un balai...

AGÉNOR

Un balai? où ça un balai?...

LE SERGENT, *montrant le balai*.

Tenez, celui-là... (*Il le lui donne*.) Vous allez prendre cette petite clarinette de famille... et *balier* soigneusement, attentivement et *subrepticement*, la cour de la caserne!...

AGÉNOR

Comment, il faut que je balaie?

LE SERGENT

Incontestablement!

AGÉNOR

Moi, le vicomte des Haut-Fourneaux!

LE SERGENT, *le poussant*.

Des Haut-Fourneaux tant que vous voudrez... mais allez *balier!*

AGÉNOR, *sortant avec son balai*.

En voilà une situation pour un gentilhomme!... Ah! si papa me voyait!... (*Il sort*.)

ALCIDE, *riant*.

Ah! Ah! elle est bien bonne!...

LE SERGENT, *sévèrement*.

Riez pas!... Que ce sera votre tour demain!

ALCIDE, *cessant de rire.*

Ah!...

LE SERGENT

Demain!! (*Il sort.*)

SCÈNE X

ALCIDE, *seul.*

Demain!... Ça sera mon tour demain!... Et tout ça, à cause de Toupinard et d'Isidore!... (*Au public.*) Vous connaissez pas Toupinard et Isidore?... Toupinard, c'est un ami à moi qu'est dans le bâtiment... et Isidore aussi... C'est des bons garçons... seulement Toupinard, il aime trop faire des farces... Et il m'en a fait une... pommée!... Le matin de mon départ, y sont venus tous les deux m'accompagner... Arrivés dans la cour de la gare de l'Ouest, le sergent qui nous conduisait, nous dit : « C'est pas tout ça, mes enfants... le train de Rouen ne part que dans une heure et quart... vous pouvez rompre les rangs et aller vous promener dans le quartier... mais dans une heure... tout le monde au train!... » —Moi, vous comprenez, j'étais content... j'embrasse Toupinard... j'embrasse Isidore... et nous v'là partis, tous les trois, bras dessus bras dessous, casser une croûte!... Toupinard n'avait l'air de rien... il portait même mon baluchon, Toupinard!... mais il ruminait sa farce!... Au bout d'une heure, il me laisse avec Isidore... sous prétexte d'aller voir si les autres étaient à la gare!... Dix minutes après, je le vois revenir en criant : « Alcide, dépêche-toi... les autres sont déjà dans le train! » — Je prends mes jambes à mon cou... (*S'interrompant.*) — C'est une façon de parler... parce que si on prenait ses jambes à son cou... on pourrait plus courir... mais ça se dit... (*Reprenant son récit.*) Je prends mes jambes à mon cou... Toupinard et Isidore aussi... nous arrivons dans la gare... Isidore me pousse... Toupinard me montre un train qui allait partir... je saute dans un wagon... le premier venu... un wagon de première classe... et psstt! psstt! psstt!... (*Il imite une locomotive qui part.*) Ouf! que je me dis... Il était temps!... J'étais fatigué... je m'endors!... Au bout de deux heures, je me réveille et j'entends crier : (*Il crie comme les employés du chemin de fer :* « BERCY-CEINTURE! BERCY-CEINTURE!... (*Avec rage.*) Toupinard m'avait fait monter dans un train de ceinture... et depuis deux heures, je faisais le tour de Paris... » (*Il indique un grand rond.*) Je tournais dans un cercle vicieux, quoi! Comme un écureuil dans sa cage!... Sans avancer d'un mètre! J'ai même dû, en descendant, payer un supplément pour être monté en première classe... sans billet!... Et voilà la farce de Toupinard... Je l'ai trouvée mauvaise!... J'suis arrivé le lendemain à Rouen... et on m'a collé *s'au* ciou!...

SCÈNE XI

ALCIDE, AGÉNOR, LE SERGENT.

(*Agénor entre, conduit par le sergent qui sort immédiatement après sans dire un mot. Agénor tient toujours son balai. Il est couvert de poussière et de brins de paille.*)

AGÉNOR, *à Alcide.*

Eh bien!... il m'a vu!

ALCIDE

Qui?

AGÉNOR

Papa!...

ALCIDE

Allons donc!... Pas possible!...

AGÉNOR

C'est comme ça!

ALCIDE

Il est donc à Rouen, ton papa?

AGÉNOR

Arrivé par l'express de quatre heures!...

ALCIDE, *riant*

Pour te voir?

AGÉNOR

Oui... et il m'a vu! J'étais en train de balayer la cour... consciencieusement... comme ça... (*Il balaie.*) Et il y avait une poussière... J'en ai, au moins, deux centimètres sur moi... (*Il s'époussète, il sort un gros nuage blanc de ses effets* (1).

ALCIDE, *reculant.*

Hé! là-bas! hé!...

AGÉNOR, *reprenant.*

Lorsqu'un monsieur s'avance derrière moi, en disant : « Pardon, militaire, le bureau du colonel, je vous prie? » — Je me retourne...

ALCIDE, *riant.*

C'était papa!...

AGÉNOR

... Dans un nuage de poussière! (*Il frappe ses effets: même jeu que plus haut.*)

ALCIDE

Tableau!

AGÉNOR

J'essayais bien de cacher cet animal de balai derrière mon dos (*il indique le mouvement*). Mais trop tard... il l'avait vu!...

ALCIDE

Ce qu'il a dû être fier de toi, ton papa!

---

(1) Se servir de plâtre en poudre.

AGÉNOR

Il m'a fallu lui raconter pourquoi j'étais puni... et en ce moment, il est chez le colonel qui est justement un de ses bons amis!...

ALCIDE, *allant s'étendre sur la paillasse.*

T'as de la veine... on va te faire sortir?...

AGÉNOR

J'ai bien peur du contraire!... En attendant... je suis bien fatigué... je vais me reposer un peu... (*Il aperçoit Alcide sur la paillasse*). Pardon... cette paillasse est à moi!

ALCIDE

J'veux pas la manger... Y a de la place pour deux... (*Il s'écarte un peu.*) Tiens, v'là ta part!

AGÉNOR

Merci! (*Il se couche à demi.*)

ALCIDE

A la guerre comme à la guerre!... (*Moment de silence.*)

SCÈNE XII

LES MÊMES, LE SERGENT

LE SERGENT, *ouvrant la porte.*

Allons, debout!

(*Agénor et Alcide se lèvent.*)

AGÉNOR

Encore une corvée!

ALCIDE

C'est mon tour?

LE SERGENT

Que vous avez de la veine... qu'un *particuilier* il a sollicité pour vous!

ALCIDE

Pour moi?

LE SERGENT

Non!

AGÉNOR

Pour moi?

LE SERGENT

Non plus!

AGÉNOR et ALCIDE

Alors?...

LE SERGENT

Pour *toutes les deuss!*... C'est le père du Haut-Fourneaux!... Il n'a pas voulu que son fils *soye* le seul gràcié... Le colonel lève les deux punitions.

ALCIDE, *criant, son képi à la main.*

Vive le colonel! Vive le Haut-Fourneaux!

AGÉNOR

Alors nous sommes libres?

LE SERGENT

Vous pourrez sortir... lorsque ça vous fera plaisir!...

ALCIDE

Mais tout de suite... pas vrai... vicomte?

AGÉNOR

Oh! oui!...

ALCIDE

C'est à toi que je dois ma délivrance... j'te remercie... j'me suis peut-être un peu moqué de toi, tout à l'heure... ça n'empêche pas les sentiments... je te fais mes excuses... là... es-tu content?...

AGÉNOR

Oui, Alcide... et je te permets de me tutoyer!

ALCIDE

A la bonne heure!... Vois-tu, mon p'tit Fourneaux... le régiment c'est une grande famille... où comme qui dirait tout le monde est égal... Y a pas de fumistes et de vicomtes... de banquiers et de forgerons... d'attachés d'ambassade et d'épiciers... Il n'y a que des soldats!...

LE SERGENT

Bravo!

ALCIDE

Rien que des soldats... Nous sommes tous ici dans le même but: Toi, t'as ton gigot à défendre... moi, j'ai ma soupe aux choux... et au-dessus de ça... il y a not' pays!...

AGÉNOR

Oui!... Donne-moi une poignée de main... tu es un brave garçon!... *(Ils se serrent la main).*

LE SERGENT, *les regardant.*

Ils sont gentils tout plein!...

ALCIDE, *à Agénor.*

Et tu sais quand t'aura d'fourneaux à *rarranger*... je te demande ta pratique?

AGÉNOR, *riant.*

Je te la promets! et maintenant fais-moi un plaisir... Veux-tu diner avec moi, ce soir?

ALCIDE

J'accepte... mais à une condition... c'est qu'on invitera le sergent?...

AGÉNOR

Mais, j'y compte bien!... (*Faisant le salut militaire.*) Sergent, voulez-vous nous faire l'honneur de diner avec nous?

LE SERGENT

C'est en dehors du service... j'accepte... — Est-ce qu'il y aura du mouton aux *s'haricots?*

AGÉNOR, *riant.*

On ne dit pas z'haricots... l'h est aspirée.

LE SERGENT, *froissé.*

Moi, j'ai toujours dit des *s'haricots*... c'est de naissance!

AGÉNOR

Oh! alors... si c'est de naissance!... Allons, en route!...

LE SERGENT

Attention au commandement... Garde à vô!...

Agénor et Alcide se placent sur un rang, la main sur la couture du pantalon.

LE SERGENT, *commandant.*

Demi-tour à droite... droite!...
(*Agénor et Alcide exécutent le mouvement.*)

LE SERGENT

En avant... arche!...

Agénor et Alcide partent du pied droit, font le tour de la scène et sortent par la porte, suivis du sergent.

FIN.

MÊME LIBRAIRIE :

PIÈCES POUR JEUNES GENS

Le Gondolier de la Mort, drame vénitien en 3 actes, par Ch. Le Roy-Villars.. . . . . 1 fr.
  Musique et accompagnement de la saltarelle et barcarolle. . . . . 1 fr.
La Messe de Minuit, mystère en un acte, par Jacques d'Ars. . . . . 1 fr.
Les Roches Noires, comédie en un acte, par Leday. . . . . 0,80c.
L'Interprète, comédie en un acte, par H. Denizot. . . . . 0,80c.
Un Brave! drame en un acte, par Ch. Buet. . 1 fr.
La Chasse à l'Ours, comédie en 3 actes, par l'auteur du *Voyage à Boulogne-sur-Mer*. . . 0,80c.
Le Poignard, drame en un acte, avec chant et musique, par Théodore Botrel. . . . . 1 fr.
Le Passeur de Marmoutier ou l'Évasion du duc de Guise, drame en 3 actes, par Oselma. . . . . 1 fr.
La Vocation de Poquelin ou Molière à vingt ans, comédie en un acte, avec chant et musique. . . . . 1 fr.
Le Revenant, drame en 3 actes, par Paul Croiset. . . . . 1 fr.
Blanc et Noir, saynète dialogue, par le même. 0,50c.
Le Chevrier d'Alsace, saynète dialogue, par le même. . . . . 0,50c.

Sur demande envoi franco du Catalogue complet de *Comédies, Drames, Saynètes et Monologues* pour Jeunes Gens ou Jeunes Filles.

BEAUGENCY. — IMPRIMERIE J. LAFFRAY.

www.ingramcontent.com/pod-product-compliance
Lightning Source LLC
Chambersburg PA
CBHW060644050426
42451CB00010B/1212